Wien, 14.11.80

Mit herzlichen Grüßen

Brigitte Pixner

Brigitte Pixner   *Blau-Säure-Bilder*

Brigitte Pixner

Blau-Säure-Bilder

J. G. Bläschke Verlag A - 9143 St. Michael

© **1980** by J.G. Bläschke Verlag, A 9143 St. Michael
Druck: J.G. Bläschke Presse, St. Michael
Printed in Austria

ISBN 3−7053−1040−2

Bestimme vorerst

Bestimme vorerst
dich selbst,
nicht wächserne Blätter,
nicht rostrote Blüten,
weder das biegsame Schilf
im Wind
noch die Straße,
wohin sie auch führt.

Bestimme zuerst
dein Auge,
das zu vieles nicht sieht,
weise ihm einen Blick zu
— auf das Gesagte
kommt es nicht an.

Erforsche
die wurzelnden Linien
der Hände,
denen der Wissende
Ordnung gesteht.

Sammle dich ein
am Schmetterlingsstrauch.
Und dein Lieben
laß sieben
auf staubiger Tenne,
wo es auffliegt
mit rispenden Ähren.

Bestimme vorerst dich selbst.
Sei eifrig! Sei auf der Hut!

Mitten im Tag

Mitten im Tag
geht einer in sich,
erblickt — wie staunend — seine Hand,
hält sie ins Gegenlicht,
sieht seine Adern schlagen,
fühlt sein Blut.

Verdrängte Fragen
fallen ein wie Krähen.
Sie finden nichts.
Alles ist neu
und fraglich.
Die Stunden stehn
nicht mehr
in Reih und Glied.

Verjagte Bilder
wühlen ihren Weg.
Sie bleiben
blasse Schemen,
die kein Herbst mehr reift.

Mitten im Tag
geht einer
ins Reine mit sich,
der glaubte,
er könnte wie der Weinstock
Früchte tragen.

Ohne Gelübde

Zurück
in die Arme
waidwunder Träume,
zurück
ins Geflecht
engster Kanäle,
schmalstirniger Häuser.
Denn die Himmelsstürmer,
die Regenbogen,
liegen farblos verschüttet
im Sand.

Fragen
und nochmals Fragen:
zur fraglichen Zeit,
am fragwürdigen Ort.

Bannen
nicht Zweifel noch Einsamkeit, —
doch den Irrtum,
worin er auch
liegen mag.

Flüchten
in die Gewalt
unverständlicher Ströme,
vor denen jede
Ordnung zerbricht,
die Lüge war.

Ohne Bedenken,
mit viel Geduld,
die Arbeit verrichten:
im Steinbruch,
im Weinberg.

Beginnen
ohne viel Worte.
Ohne Gelübde.

Unmenschlich ist

Erde bleibt Erde,
auch wenn ich sie
herbstbunt sehe.
Das wahre Gesicht
hinter Anmut
und Schimmer verborgen.

Himmel
schwebt über mir,
wolkengefleckt,
mondlichtgescheckt,
fast greifbar,
mit Sternen,
mit Bildern und Zeichen,
die Namen tragen.

Menschlich
ist es,
in aufgeblasene Himmel
zu starren,
zum Unbekannten
aufzuschauen
und zu beten.

Unmenschlich
ist das geflügelte Wort,
das sich so lang
nicht erfüllt.

Die Pole kreisen.
Nur Schwerkraft hält die Welt.

Sucherschritt

Wer laut ist,
kann nicht hören,
was die Tage singen.
Wer nur sich selbst sieht,
kennt die Sonne nicht.

So liebe ich die Stille,
knospenfrisch,
die meinem Suchen
ihren Jubelton entgegenschickt.

In klingenden Gewändern
steigt die Ferne auf,
auf Wellenkämmen schreitend,
mit windzerzaustem Haar,
mit roten Wangen.
Stolz wie ein weißes Schiff
mit vollen Segeln.

Nah seh ich fremde Namen,
staunend prägt sich
Bild um Bild.
Wach, mit geschärften Sinnen,
schaue ich in Schauern.

Die großen Möwen
ankern tief im Wind,
die steilen Ufer
sind wie Philosophen.

Verzitternd rot
verliert sich
hinter grauen Grenzen
die Sonne
im Purpurmond.

Wahrheitsfindung

Erinnerung
zeichnet mir fremd
Gesehenes und Ersehntes.

Ratlos stehe ich,
ausgesetzt,
ausgeliefert und abgespeist
vor dem Trugbild,
das sich nicht trügen läßt.

Ihren eigenen Wegen
folgt gleitend die Zeit.
Erinnern schnitzt
gewaltige Säulen,
ritzt klein hinein
Tiere und Mensch,
Tagwerk und Nacht,
krönt schließlich ihr Werk
mit Gebälk aus Akanthus.

Golden,
mit schimmerndem Mosaik,
deckt sich die Wand.
Träume schlängeln
den glimmenden Leib.

Zerstreut über die Hügel
liegen die Schlüssel,
die keiner mehr findet.

Da lege ich,
schweigsam geworden,
mein weißes Gewand an,
ohne Schmuck
das Kleid des Vergessens,
klage der ersten
Wahrheit nicht nach.

Denn,
wenn mit flammendem Mund
das Orakel der Sonne erst aufgeht,
ist kein Schlüssel mehr möglich,
gibt keine Rede mehr Aufschluß,
kein Buch.
Versprengt sich
mit heiligem Licht
eine bessere Wahrheit.
Schöpft triumphierend
aus gewaltigen Speichern
der Geist
sein höheres Ebenbild.

Eine mögliche Litfaßsäule

Unwirsch, widerwillig,
geben die Tage Auskunft.
Was täglich ist, sagen sie.
Mehr nicht.

Sie sind die Einbahn
in keine Richtung,
sind tückische Sümpfe,
verborgen
unter Sumpfgras und Schleiern,
zum Einbruch bereit.

Wessen Fuß
sinkt nicht in brackiges Wasser?

Wer hört nicht
die Sumpfvögel spotten?

An ewig runden Litfaßsäulen
klebt Nachricht.
So lange ewig,
bis einer sie überklebt,
der sich für zu bedeutend hält.

Nach abgewrackter Liebesnacht
wird nichts verkündet am Morgen.
Das Trommelfell
ist umsonst gespannt:
Es meldet Belanglosigkeit.

Gekränkt wirft
die scheidende Stunde
eine Münze aus
— Kopf oder Adler —
und sinkt auf die Schattenseite
ohne Gewähr.

Antiquitäten

Die Mehrheit entscheidet.
Doch wo
bleibt der Mensch?

Welcher Idee
fällt er glücklos
zum Opfer?

Verschlackte Begriffe
wie Humanität
zählen nicht mehr.

Der einzelne
ist Zufall ohne Wert.
Höhere Organismen
ballen sich zusammen.
Umfassend sind die Ziele.

Nüchterner wellt sich
der Ablauf der Tage.

Menschlichkeit: Renaissancerelikt.
Antiquität,
die, im Gegensatz zu Urväterhausrat,
keinen Liebhaber findet,
daher keinen Preis mehr notiert.

Nur Aufgeklärte sind klug.
Gelenkte allein werden mündig.

Tabu unserer Zeit:
Der Mensch, der es wagt,
allein zu sein.
Darüber keine Diskussion.
Und wer die Verbotstafel übersieht,
wird geblendet.

Siegessicher
schreitet die Realität,
oder was so genannt wird,
über die Geisterseher hinweg.
Wer glaubt,
wird nicht mehr selig.
Die stummen Heiligen
sind abgesetzt.
Die Erde überfüllt,
dafür der Himmel leer.

Abgestandener Trost
tröstet nicht.
Augen, die durstigen Augen,
forschen und finden
ein Labyrinth.

Einige flüchten
zu heimlichen Zirkeln,
in deren Kreis
der Medien Mund
kundtut, was bisher
noch keiner versteht,
das schauend noch keinem
Gebet entsprang:
ungeteilte Unendlichkeit.

Aushilfsglück

Künstlicher Baum
in der Wüste,
die keine war.

Öde aus Turm und Beton.
Klotziges Graubraun,
das überheblich
gelobte Stadt heißt.
Titan mit dem scharfen Kranprofil,
mit dem harten Herzen,
der City —
und der Skyline,
die den Himmel vergißt.

Vertunnelter Fluß,
alter Wassergott,
dessen Dreizack
nie mehr
das Licht durchstößt.

Menschlicher Bienenstock,
kalkuliert und verplant,
mit metallenen Waben,
gelenkten Bahnen,
verlöteten Zukunftsvisionen.

Hier beginnen
keine Blüten den Tag:
Wachsrosen, Plastikgras,
Bleiblätter,
Rauch.

Der Mensch?
Schaufensterpuppe mit Elektroherz.
Noch nicht unsterblich.
Immer noch Gefühle!

Maschinengleichmaß
lautet die Devise.
Lachen auf Knopfdruck.
Sorgen unterdrückt
der Tranquillizer
Und Liebe?
Was ist Liebe?

Die Triebe
sind urbargemacht.
Fortpflanzung
hat Verbrämung
nicht mehr nötig.
Ernährung ohne Lustgewinn.

In der Verbrennungsanstalt
warten Geist, Schönheit
und Vernunft
auf ihren Untergang.

Dann werden die Gehirne
durch Asche ersetzt.

Eiszeit
hat schon begonnen.
Die Zukunft . . .?

Mozart und die Relativitätstheorie

Es ist nicht mehr modern,
zu neuen Ufern aufzubrechen.

Es ist nicht Zeit,
Umschau zu halten
nach Frieden und Menschlichkeit.

Taub ist das Heute
— wie immer.
Im Ultrozän erst
mag der stetige
Wechselprozeß
die ersten Früchte tragen
und endlich einen Wurf
nach mehr als großen
oder kleinen Sauriern wagen.

Da bleibt,
mit etwas Glück,
ein Mozart
oder Einstein
noch als Leitfossil.

Bewundert,
beschworen als Museumstier;
gläserner Mensch,
Primat,
zwar Rudiment,
doch von Bedeutung
wie die erste Alge.

Eine unmögliche Operation

Mittels winziger Sonden
gelingt es,
Herzen zu präparieren,
so daß sie,
für das Unvorhersehbare gerüstet,
mit Kammern und Wänden
widerstehen.

Dick über die Kranzgefäße
wächst hornige Haut.
Dort bleiben —
als wären sie
ein Schild
und nicht durchdringbar —
spitzig die Pfeile der Bosheit,
die Widerborsten der Verachtung,
und die Flammenwerfer
auswegloser Liebe
stecken.

Die Adern werden
in Panzerglas gebettet.

Ein Tarnanzug
schützt uns
wie eine Rüstung.

Klein und zerzaust,
bisher nicht faßbar,
daher so oft verleugnet,
sucht eine Seele
einen Paravent,
möglichst aus Stahl.

Funkbilder

Mitunter
kommt es vor,
daß sich
aus einer dunklen Ecke
ein Gesicht schält.

Es schwankt
unter Flügelhauben
aus Finsternis.

Glatt und weiß.
Und die Weisheit
kann ihm nichts anhaben.
Und kein Lachen
kann es entstellen.

Und hinter
weit geöffneten Augen
ruft kein Blick
Empfindungen ab.

Die Speicher der Erinnerung
liegen brach.
Die Hebel funktionieren nicht.
Die scheckigen Vögel
geronnener Gefühle
verenden ohne Schwingen.

Aus dem Rauchpilz der Bomben
stieg die Gewalt
mit verhärteten Händen
und verseuchte
mit fauligen Schleiern
sogar den Schmerz.

Prisma

Bauschig bäumt sich
ein Zirkuszelt
gegen den Wind.
Widerhaken bohren sich
in trübe Leinwand.

Frisch getüncht:
die Clowns.
Ausbund der Meute.
Preisgegeben.
Fremd.
Zielscheibe des Spottes.
Blasser Mund,
dessen Spalt
rotes und schwarzes
Lachen freigibt.

Der Eichelhäher hat gewarnt
vor diesem Lachen,
dieser Zunft.
Und die Manege rief uns
Drohworte zu.
Die Käfige sind verschlossen.
Die Zelte sind uns versagt.
Trapeze schwingen leer.

Draußen hockt ein Jongleur,
der mit unseren Wünschen spielt.

Wir zucken im Zielfeld der Messer:
Zitternd federn die Klingen im Brett.
Für heute verschont,
trifft uns Applaus.
Morgen zerreißt uns
der Tiger der Nacht.

Bunt bersten die Lampen.
Irgendein Vorhang fällt.
Das Zelt wird wieder einmal
abgebrochen.

Laterna magica

Erste schwankende Träume
füllen den keimenden Schlaf.

Wie Rivalen kämpfen
verlöschende Bilder
um ihren angestammten Platz
im Dröhnen der Nacht.

Mit wilder Gebärde,
bald dämmernd und blau,
überhaucht der Tag
mit erblaßten Wangen
die brüchige Leinwand,
vor der wir wandern,
auf die wir
unser Schattenspiel werfen,
und die uns,
wenn sie zerreißt,
ins Gesicht schlägt.

Selbstverständnis

Ich blicke in einen Spiegel.
— Er gibt mich nicht wieder.

Ich stehe am Bach,
sehe ziehen die blauenden Wunder.

Spiegel, Bach
und ein Himmel
lachen mich aus,
ob meiner Sucht,
das Innen im Außen zu suchen.

Die Sucht des Suchens!
Nichtswürdiges Plagiat
der Götter!

Ich möchte mich erkennen,
in mir, in Dir,
in unserem Atem.
Möchte vor allem
die Zeit aufheben,
jene grausame Zeit,
die ohne Ausnahme ist.

Was bisher keinem glückte,
sollte mir gewährt sein?
Und —
wäre es noch Glück?

Wer in Indien geboren wäre,
mit dem Wissen der Yogis und Fakire,
mit dem Samen in sich
zur Stille
und mit der Gewißheit
der Wiedergeburt
in namenloser Kette!

Erde
ohne Ende.

Konstruktionen

Meine Schattenseiten
ritze ich sorgsam
in euren Tag.

Feile verstohlen an Brückenpfeilern,
an denen
euer Leben hängt.

Grabe mich ein
in Stahlgerippe,
tags auf der Lauer,
nachts auf der Flucht.

Bin der Geselligkeit fremd
und ersehne sie doch.
Suche in besseren Stunden
den Übertritt,
die seichte Furt.

Wenn mir einer
von drüben winkt,
vergesse ich die Gefahr,
stürze mich in die Flut.
Laßt doch die Hand
nicht sinken!
Wartet doch ab!

Oder soll
i c h
euch winken?
Soll ich,
statt Attentate auszuhecken,
lieber an
euren
Brücken bauen?

Spiegelkabinett

Ich bin ich.
Leider.
Gott sei Dank.
Betrachte mich kritisch,
sehe Falten und Fehler.
Hole mein
Vergrößerungsglas
und finde mich schrecklich.

Nur aus der Ferne
halbwegs erträglich,
suche ich
skeptisch
den Kardinal meiner Fehler.
Er verbirgt sich vor mir
im Schutze
schwarzer Geistlichkeit.
Erst wenn ich schlafe,
beginnt er boshaft
sein schändliches Werk,
legt seine Fallen aus:
Harzige Träume
und ratlose Wünsche.

An verstimmter Orgel
sitzt er,
singt
sein falsches Lied.

Wenn es zuviel ist,
entwaffne ich ihn
im Spiegelkabinett.
Und lache
über mich
und ihn.

Globetrotter

Die Gelegenheit ist günstig,
die Bande zu lösen,
die Bedenken abzustreifen
und, nur dem Wind ergeben,
das große Abenteuer zu suchen.

Was soll der tun,
an den keine Berufung ergeht?
Er kann an Inseln denken —
Bahamas, Bermudas, Hawaii —
kann sich in Blumenkränzen wiegen,
zu braunhüftigen Schönen erglühen.

Er kann die Wissenschaft
zum Abschied küssen
und sich den Bergen weihen,
mit ihren zarten Adern
von Kristall.

Er kann das Meer befahren,
fluchen, wenn es stürmt,
Saurierungeheuer
aus der Tiefe tauchen sehen.

Dem Zufall läßt er freie Hand.
Macht er ihn reich,
raubt er das letzte,
Hauptsache, daß
der unsichtbare Croupier
die Kugel rollen läßt.

    Zero.
    Rouge ou noir.
    Dazu ein Pokerface.
Besser ein Risiko
als Langeweile.
Besser Genuß als die Vollkommenheit.

Besser dabei sein,
als von ferne grübeln.
Philosophie betreiben
macht noch lang nicht weise.

Nur Mut!

Zuckt auch das Herz —
die Kontinente warten.
Ein Abschiedsschmerz,
ein stilles Stöhnen.

Dann reißt der Faden
der Gewohnheit ab.
Die Anker heben sich.
Die Möwen kreisen.

    Zero.
    Rouge ou noir.
    Dazu ein Pokerface.

Arabeske

In seinem Herzen
ist Pablo ein Kind,
das lacht,
wenn es Möwen füttert.

In seinen Händen
hält Pablo das Meer,
wie einen Vogel,
der südwärts fliegt
— unruhig und drängend,
die Muskeln gespannt.

In seinen Augen
trägt Pablo
den Widerschein
seiner Geliebten,
den dunklen Schimmer
des lockenden Haares,
den braunen Ton
ihrer Haut.

Salzig wie Schweiß
schmeckt die Brandung der Nacht.
Hingestreckt
wie in ein fremdes Land,
durchnäßt und ergeben
flüstert Pablo
den einzigen Namen,
der sein ist,
flüstert wieder
und immer wieder
den Namen Rositas.

Denkmäler

Aber die Drachenflieger
stehn unter knisternden Bäumen.

Aber das Segelschiff aus Bronze
geistert durch Gewitter und Wind.

Die kleine Harpyie am Markt
streut Regenbögen ins Rund.

Und am Faunbrunnen hebt
keck ein Satyr den Blick.

Es trauert, die Leier im Arm,
ein Orpheus im Rahmen der Weiden.

Lässig die Beine gekreuzt,
gedenkt Lessing der Hamburger Dramaturgie,

geschlagener Schlachten ein Feldherr,
hoch zu Roß, schon mit Grünspan bedeckt.

Grünspan und Bronze im Nebel.
Ampel rot, Ampel grün.

Feuerschiff unterwegs,
zwischen ersten bläulichen Schollen.

Lebendes Denkmal der Ampeln,
rettende Lichter im Strom.

Kalt, herbstlich, trübe der Tag.
Doch irgendwo wartet ein Lotse.

Buchstabenstraße

Wir gehen die Buchstabenstraße entlang:
Touristen in einer fremden Stadt,
Tonhäuser gründlich betrachtend,
die Silbenparks,
die sich vor kunstvollen
Redepalais mit zierlichem Stuck
hinziehen.
Ihr Anblick läßt uns
vor Wonne erschauern.

Edle Festung der Dichtung!
Basis der Wissenschaft!

Wir bestaunen,
was zu Hause
nicht mehr besteht.
Denken schaudernd
an die Dialektghettos,
die sich immer mehr ausweiten,
mit altersschiefen Vokalgeländern
und Sackgassen, aus denen kein Satz entkommt.
Die Grammatik wird unterminiert
von eiligen Untergrundbahnen.
Das Artikelpflaster ist holprig.
Die Rechtsschreibungsfassaden
werden von spitzigen Federn
endgültig niedergerissen.
Saunas werden geschaffen,
die dazu einladen,
das auszuschwitzen,
womit uns die Deutschstunde
belastet hat.

Wir nähern uns der Fußballersprache.
Einige emsige Archäologen
legen verfallene Sprachbauten frei,
wühlen in alten Tiraden.

Über ihnen wuchert der Flohmarkt.
Kunterbuntes wird feilgeboten,
europäische Sprachen, asiatische Sprachen
Individualisten lehren
noch immer
ein neues ABC,
ausschließlich mit Kleinbuchstaben.

Riesig entsteht
am Rande der Stadt
der Sprachcomputer:
Endpunkt der Schöpfung

Januskopf

Streifzüge ohne Ziel.
Gewalttaten ohne Bezweckung.
Verkettung in Einheitsgefühl,
Mangel an Selbstwertentdeckung.

Urnenträchtige Lose,
dem Zufall gefügiger Schritt.
Zwischen Rose und Herbstzeitlose
Pose und Schattenritt.

Schlüsselszenen, Pönale,
dem, der die Karten nicht kennt.
Verlogene Rituale;
selbst Phönix verbrennt.

Phönix, aschengewaltig,
Delirium, das sich erschöpft.
Anfangs- und endgestaltig,
janusgeköpft.

Unendlich greifen Zonen
die Harfen im Wechselwind.
Abtausch der Ikonen
mit Madonna und Kind.

Weltmechanik

Sind die
vielschichtig bunten
Seiten der Welt
nicht vereinbar?

Warum ecken sie über,
beengt,
stoßen sie sich und uns
die Kanten ab?

Warum
gibt es nie
ein geordnetes Sein,
allen gleich nahe,
mit ewig gültigen,
klaren Gesetzen,
die wie die Sterne
unermüdlich
in abgezirkelten Bahnen kreisen?

        Ich fordere Ausgleich.
        Er wird nie gewährt.

In finsterster Kammer,
fernab von Verständnis
braut sich die Weltenalchemie.
Die Bechergläser schäumen.
Die Theorie, die alles überrankt,
sie flüstert selbsterdachte Zaubersprüche,
rechnet, verwirft, ergrübelt.
Die Praxis zaudert.

Wenn alles zum Besten steht

Noch nicht.
Nicht jetzt.

Es bleiben noch viele Tage.
Es ist noch so vieles zu tun.

Die Felder werden bestellt.
Sümpfe trockengelegt.
An Kränen ranken sich
Häuser empor.

Die Quellen sind gefaßt.
Mit Energie beladen
treibt der Strom
das Stampfen der Turbinen.

Rasch schießen
die weißen Straßen ins Land.
Sie sehen alles.
Nur die Berge sehen noch weiter.
Doch sie sind voller Unkraut
und Ungeduld.

Jätet endlich das Unkraut!

Dann, wenn alles zum Besten steht,
bricht die Nacht ein.
Knickt ein Sturm allen Stolz,
allen Fortschritt,
werden Flüsse zum Meer,
rafft eine Seuche
auch Kinder dahin,
werfen Verrückte mit Bomben
und es bleibt
keine Zeit —
jetzt, wo alles zum Besten steht.

Bereit

Als der Tag kam,
da der Hirte
seine Herde verließ,
als der Tag kam,
da Aschenflüsse
aus den Wolken stürzten,
als der See
in den Ufern
bis in die kleinste Welle zitterte,
da wußte ich
um das Ende.

Da schnitt ich
mein Kleid entzwei,
band die Schuhe
von meinen Füßen
und ging,
ohne jemals
rückwärts zu schauen,
gebogen unter einem Willen,
fremd,
ohne Aufbegehren.

Sandte den Schritt
vor mir her,
um eher bereit zu sein.

Versteinerung

Mit ihren wilden Kindern
schnellt die Nacht
ans Ufer.
Mit seinem Lichterkranz
entstürzt der Tag —
leuchtendes Bruchstück,
das wie ein Komet,
irrend durch Weltall
und Vergessen,
die Erde umkreist.

Dunkelnde Fluten,
dräuende Atlanten
schlingen die starken Arme
um der Wolken Tempel.
In tollen Wirbeln
seufzt der Gischt.

Verlebte Lettern
schwemmt im Tanze
der Orkan
ins Nachtgebiet.

Die Augen schweigen.
Der feuchten Hand
entgleitet das Rad.
Und ungebändigt schießen,
steuerlos,
Laster und Angst,
grimme Piraten,
stromschnell und uferlos dahin.

Es stirbt
die weiche Hülle,
der gelbe Kindermond.
Es endet das Gesetz.

Es lebe, was nicht menschlich ist!
Es lebe der Flug!

Achtet der Wolken nicht

Mag sich der durchsichtige Drache
verwegenen Lüften verschreiben,
mag der dichtfedrige Vogel
die launischen Wolken verehren,
verweile ich grübelnd im Takt
am Boden schleppender Schritte,
immer mißtrauisch gegen den Flug
— ein Wanderer ohne Geheimnis,
g e s t ö r t durch den Schatten
fliehender Wolken.

Verschwört auch der Herbst sich
gegen mich?
Reizt er mit boshaftem Wind
die luftigen Blätter
zu letztem Flug,
der mich quält?

Am Ende kläglich und kahl
fügen die Bäume,
ohne Kraft, ohne Willen,
sich klagend der Trauer,
der Klage der Mütter,
die weinen
über den Abschied der Kinder;
fügen die Bäume
bewußtlos
sich ihrer Prophezeiung.

In die Eintönigkeit
scholliger Felder
läuft munter ein Knabe. Herbstknabe.
Läßt seine Drachen falkenhaft kreisen,
ruft sie zurück auf die lockende Hand.
Redet die Sprache der Krähen,
streut ihnen singende Worte als Futter.
Achtet der Wolken nicht.
Achtet meiner nicht.

Sein Körper ist wie Opal.
Haut, milchig zerfasert auf Knochenerz.
Unergründliche Schiller
von Blau ädern sich ein.
Unermeßlich gelb,
wie Wellen der Sonne
entrollt sich sein Haar
zu endlosen Strähnen.

Unscharf zeichnen sich
in die Luft,
unklar erkennbar,
fordernde Linien,
Forschern gleich,
die einzig
vor der Erkenntnis
die Stirne beugen.

Die Urschrift der Mayas
scheint wieder lebendig.
Runen
sind die Spuren
des Knaben.

Langsam verformt sich
die Gegenwart,
wird zum Fossil,
das im Winter versinkt,
durchtränkt von Sand,
poliert von Frost.....

Mutwillig wirft
des Knaben Hand
versteinte Blätter,
Bernsteinblätter,
wie eilige Hummeln,
in Richtung
bläulich schimmernder Küsten,
den Eisbergen zu,
immer nach Norden.....

Erratische Blöcke

In Metamorphosen
wellt sich der See,
spiegelt sich in Bläue
und taumelt in Perspektiven des Lichts.

Balsamische Düfte
fächeln friedliche Inseln.
Scheinbar ruhig
hechelt das Meer
mit unterirdischen Strömen.

Riesige Blöcke fügen sich,
kaum behauen, zyklopischer Einheit.

Die Tore sind vorgetäuscht.
Es gibt keinen Zutritt.
Eidechsen hängen an den glatten Wänden.

Jenseits,
auf schottriger Straße,
hasten Lehren,
die keiner will,
wandern Hypothesen
wie Könige oder Bettler.

Verschollene Idole
leben hier im Ausgedinge.
Tiergötzen kriechen um das Bild
der Abgottschlange.

Bühnenbild,
das nur aus Kristall besteht.
Beleuchtungseffekte,
die das Blickfeld zerschneiden.
Die kostümierten Akteure
treffen sich im Mittelpunkt.
Scheingesetze erfüllen sich.

Wie im Schmelztiegel binden sich
hautnah die Farben,
bis endlich
ein Surrealist
sein schönstes
Pfauenblau spendet.

Resignation

Vor dem großen Abend,
vor der bangen Wende —
die letzte Liebe
und das letzte Ende.

Ein kleiner Seufzer noch,
zaghaft Entgegenstemmen;
schon ruft das Meer,
das stille Abschiednehmen.

Und wild glüht auf,
was bisher Warten blieb,
unstillbar, ungeboren
um weiße Pole trieb.

Rosen, Hibiskus,
Lilienwälder, Pinien —
der Urwelt Kuß, —
dann kahler Bruch der Linien.

Die Augenblicke sinken.
Wachslicht und Nacht.
Die Elemente trinken,
was sie hervorgebracht.

Strahlentod

Die Flöte
hat mich erweckt.
Ein Licht ist in mir
und ein Orgeltönen.

Verrenkte Fabelwesen,
Einbildung, Ideen,
fallen aus Höhen —
und sind nicht mehr
furchterregend.
Alle auf einen Streich!

Aus ihren Herzen
strömt mein roter Teppich.
Aus ihren Augen
schmiede ich
mein Amulett.
Es soll mir helfen
gegen böse Blicke,
gegen Hexenwahn.

Ich brauche keine Krallen,
keine Schuppen,
kein Federkleid.

Aus Eigenem
bricht Kraft hervor
und hebt mich ab!

Geistgefühl,
Sinnen-Aug.
Hingabe an die Welt,
die ich endlich erhöre.

Die Übergänge
waren kein Traum.
Die Straßen führen
ohne Widerstand
ins All.
Die Rufe selbst
sind Antwort.

In mir kreisen
gleichnishaft
heimlich
Erde und Mond.
Wie Sterne
sind meine Atome.
Von ferne
umspäht mich
allgegenwärtig
der,
den ich
Todesstern nenne.

Wenn er mir seine
Kometen sendet,
möge mein Ende
in Strahlen aufgehen.

Assoziation

Ein Klang schlüpft aus
und beginnt auf
wispernden Wellen
die eilige Reise an Land.

Das Wassereinhorn
bohrt sich
in die Kreidefelsen,
als wären sie sein Feind.
Kiesel beglänzen den Strand.

Gelb-schwarze Arabesken
gleiten
aus spielerischer Hand.
Sie zeigen
die Wege der Ahnung,
die Wege zum Feuer,
das brüllt
im gewaltigen Marmorberg.

Niemand schreitet
straflos
durchs Feuer.

Keiner ist unverwundbar
und tötet
den schillernden Drachen.

Im Zwielicht lauern
rasende Reiter,
namenlos,
auf die Losung;
Pfeil und Bogen
zum Einsatz bereit.

Ein Schlangenbeschwörer
setzt Ton auf Ton
und beruhigt die tanzende Schlange.

Kleine Mineralienkunde

Nicht tritt auf die Mandel
aus rotem Achat,
mit weißem Band,
innen ganz zart,
als läge im Bett von Kristall
gefalteter Schaum.

Suche, wo niemand es rät,
grabe die blasige Urzeitgeode,
die noch den Hauch
der Unberührtheit
in sich trägt.

Frage die Wälder,
Tropenwälder,
die das Wasser
des Amazonas tränkt.
Frag lange und mit Geduld.

Erst am willigen Tag
schwemmt sich Gold
vor dir an
in der breiten Bucht,
damit du es birgst.

Wenn du eintrittst ins Zelt
allein und in Schauern,
hast du vielleicht
zu lange gezaudert,
ist deine Haut
bedeckt vom Schweigen
der wachsenden Nacht,
violett
und aus Amethyst.

Kein Wort stand in der Stille

Einmal
trat
aus entladener Nacht
die fremde Gestalt.
Wehend, von Regen durchnäßt,
schlug mir
ein schwerer
Mantel entgegen.

Verschlüsseltes,
formelhaft
Fremdes und Neues
aus Gestern und Morgen,
zwischen heute und nie,
brach plötzlich ein.

Kein Wort
stand in der Stille.
Nichts sprach sich aus.

Und so muß ich,
ahnungsvoll,
dunkel,
allein,
den Weg gehen,
der mir entgegenkommt.
Hungrig
und frierend
im Schneegestöber
darauf vertrauen,
daß mir einer
sein Lächeln
schenkt.

Denn

Zeig mir
dein Innenlicht,
das gegen die Dunkelheit steht
wie ein wachsamer Hund.

    Denn ich kann nicht mehr leuchten.

Zeig mir
dein Haus,
mit dem du dich
gegen den Schnee schützt.

    Denn ich habe das Bauen verlernt.

Zeig mir
deine Gestirne,
denn du mußt einen Wegweiser haben,
nach dem du so sicher gehst.

    Mir ist kein Stern.

Zur Unzeit,
denke ich,
erhebt sich mein Unstern
und fällt auf dein Irrlicht
herab.

Der Sender

Wir gehen durch den Herbst.
Die Bäume treten
wie hohe Statuen
aus dem Berg.
Aus Schattenwinkeln
wachsen immergrüne Namen,
gesellen sich zu uns,
strecken die Hände aus
nach Allerseelen.

Noch schmückt das Weinlaub
rot und gelb die Hänge.
Astern und Beeren.

Klar in der kühlen Luft
steigt eine Sehnsucht auf,
klingt drohend
ein Geheimnis.
Doch flutend brechen noch
Herbstlieder
aus den dunklen Schollen.

Ein Flug von Schwänen
über uns dahin.
Ein Zug von Blättern
zügellos im Wind.

Wer weiß wohl
Sinn und Ziel?

Der Sender,
der in unsre Kindheit
Nachricht sandte,
funkt in uns auf,
minutenlang
drängt seine Sprache wieder.
Als wären uns
die Schwäne
und die Blätter
nicht fremd.

Stundenflucht

Im Innersten
die weiße Taube.
Dahinter singt
die wilde Lerche
ihr Lied.

Vergebens.

Die Botschaft,
die Träume zu wandeln
und damit endlich
mich zu finden:
sie liegt,
von einer Auster
wohl geborgen,
in einem Ozean.

Weltfremd
entfaltet sich
die Ewigkeit.

Ihr Auge,
kann es brennen?
Ihr Weg,
bahnt er sich
unabänderlich zu mir?

Sie ist es,
die ich höre
in den schwächsten
und den stärksten Stunden.
Sie ist es.
Monoton, wie Herzschlag,
ihre, meine Botschaft.

Gib,
gib mir einen Namen,
zeig mir ein Ziel,
das ausreicht
für ein Leben.
Schenke dich,
reine Taube.
Du, Lerche,
sei mein Tod.

Doch aus den Bildern

Ich sammle Steine,
laufe bunten Blättern nach
auf ihrem Herbstflug:
bunten Schmetterlingen!

Und liege oft
in dunklem Grübeln wach,
erfüllt von Dingen,
die so schnell vergingen.

Da möchte ich
im Wesen etwas näher sein,
ein wenig weiter sehen,
einen Fingerbreit ergründen.

Doch aus den Bildern
trete ich allein.
Und schaudernd
möchte ich ein Lächeln finden.

In manchen Augen
kann ich spiegelnd lesen.
Mehr als nur Pein und Trauer,
mehr als Schimmerglück.

Sehe sie, ferne Sterne,
ihre Bahnen gehen,
sammle auch sie
und gebe
ihren Schein zurück.

Die letzten Klippen

Tropfenden Kerzen gleich
verlöschen die tröstlichen Tage.
Dahinter klaffen
der Schlaf und die Nacht.

Und jeder hängt verzweifelnd
an der großen Stunde,
die in seinem Leben steht.
Sie aber schenkt sich keinem ganz,
— dies führerlose Segelschiff
auf Wellenweiten,
hallt leise
mit dem Wasserschlag hinaus.

Kein Licht gibt Kunde.
Keine Stimme spricht.

Seelengezeiten,
von Atemzügen ausgetrieben,
von Seufzern,
die verebbend sterben.
Die Flut geht ein und aus.

Und aufgebrochene Gedanken weinen.
Wild kämpfen Schein und Widerschein.
Die Nacht ist unerklärbar wie der Tag.
Niemand erwittert heimliche Gesetze.
Zu langsam reift das Blut.
Die letzten Klippen
sind noch immer Stein
und ohne Wunder.
Gott hätte Platz
auf e i n e r Vogelschwinge.

Sperrlinien

Nahtlos ergibt sich,
endlos gereiht,
Figur aus Figur.
Wachend und träumend
atmen wir
ein, aus,
ein, aus,
kleine Maschinen,
die sich ständig verändern.

Wir kehren niemals zurück.
Nur die Fehler
bleiben die gleichen.
Jede Stunde erschafft uns neu.
Jede Zelle,
die stirbt,
ist verloren.

Was ist es,
das ist?

Kein Strom,
kein Raum,
kein letztes Bleiben.

Es ist nichts vergleichbar.

Über allem weht nur
das Größte.

Sedimente

Die Dinge gehen heute
so still an mir entlang,
als würden sie begreifen,
was mir die Nacht entrang.

Aus Fieberträumen, wirren
Schrecken und Todeswehn,
blieb mir, tief innen, schmerzlich
einer Ahnung Welle stehn.

Berühre ich scheu ihre Bläue,
zittert sie, flieht und fällt.
Hör ich ihr klingendes Flehen,
wankt meine ganze Welt.

Was ist mir im Schlaf geschehen?
Welche Formen brachen ein?
Mahnt mich ein Untergehen
oder quälen mich mich Zerrbild und Schein?

        Ist doch vieles
        Geschwätz und Trug,
        weltfremd und närrisch.
        Hybrider Zug.
        Larven und Schwindel.
        Ohnmacht, Tücke.
        Keine Einheit
        und keine Götterglücke.

        Es heißt,
        mit Wölfen heulen,
        der Hydra gewachsen zu sein,
        dem Edelschimmel, den Fäulen,
        Absagen zu erteilen
        und sich
        der Stumpfheit freun.

Er kommt erst

Er kommt erst:
der lange,
der längste Tag,
der licht und frei
— wie ein Vogel —
hinschwebt
und dann erst
sinkt.

Aus all
dem Schwanken, Suchen
steigt eine Stimme, —
die Weg sein könnte,
von der die Zweifel fallen
wie der letzte Regen.

Die Menschen mir zur Seite
sind taub.
Sie essen, trinken, lieben,
zwanglos und heiter,
gedankenlos.
Hüllen ohne Gewicht.

Sie bilden eine stumme Wand,
nicht feindselig, nicht furchtbar.
Nur einfach: abgewandt.
Ein Weltfremder
findet nicht Zutritt.
Es gibt keinen Mittelpunkt,
keine Konstante.
Gebeugt erkenne ich,
daß es für mich
kein Erkennen gibt ...

Im Zeichen der Waage

Mahnend raschelt,
verdorrend,
das äußerste Jahr.

Was hast du gesät?
Was erntest du?

Welche heimliche,
dunkle Wunde
drängt sich
so unaufhaltsam,
ahnungsvoll
in diesen Herbst,
der doch so kühl ist,
klar und groß?

Der Sommer
ist noch zu nahe.
Im Zeichen der Waage
steht flammend
der Gott
zwischen Ekstasen
und zwischen Verzweiflung.

Brandroter Schein
in laubentflammender Erde.
Bald aber wird
die Linie sichtbar,
die pochende Frucht,
die langsam reift.

Stimmt ein
in den sammelnden Ruf!
Gebt euren Willen
zum Unterpfand.
Laßt ruhen die Zeit,
die Zeit, die nicht zählt.

Pendelschlag

Ein Pendel schlägt
über uns hinweg.
Ein Luftzug
streift unsre Wange.
Bange und trüb
leben wir
einfach so dahin —
gehemmt durch Leid
und Gewalt,
ducken uns,
stehen nicht auf;
hören die Stimme,
die raunt,
doch trauen wir
niemand.

Einfach ist nichts.

Wenn der Tag
uns verläßt,
leuchtet
aus Phosphorkuppeln
ein krankes Geheimnis.
Steigt aus verzweigten
Baumskeletten
tückisches Fieber.
Nebel sinken
aus Sternen.

Tags darauf
hat es geschneit,
und die Bäume sind
weiß wie ein Dom,
der die erste Weihe
empfangen hat.

Weit, leise
und wunderbar
öffnet sich willig
ein Lächeln
und ist nichts
als Hingabe
an das Versäumte .

Schimmelblüten

Mein Gebet
schnitt ich
in Stein,
gesiegelt
mit dem Abdruck
meines Mundes.

Mein Lied
versenkte ich
im stillen Abend
und warf ihm nach
die Blume
der Poesie.

Ich selbst
stieg
in die Kerker
unter Tag,
wo feine Wasser
Schimmelblüten
treiben.

Wo Aussatz
dicke Mauern
deckt,
wohin
keine freundliche Stimme
mehr dringt.

Ich vergrub
mich selbst
wie der Maulwurf,
ohne je wieder
die Leuchte
der Sonne zu finden.

Aber segnet
Ihr
mein Lied
und glaubt mir
mein Gebet.

Kulissen

Alte Formen,
Kenntnisse von gestern,
greift sich der Wind
aus schütteren Räumen.

Wie die zu früh
geborgene Auster
gibt unter Druck
die erbrochene Erde
nicht eine einzige
Perle frei.

Nur wir,
wir hängen noch
an Altbekanntem,
altem Unbewährten,
sind immer noch
versucht zu glauben,
daß all die tauben Wünschelruten
mit einem Schlage
das vergangene Suchbild
lösen.
Lieben — ohne Gewähr.
Hoffen — ohne Gewicht.

Tief innen
sind wir am Ende.
Wissen es auch.
Und wissen nicht weiter.

Die Zukunft
ist nur Kulisse.
Im Mondlosen flackert
flammende Schrift
steinerner Mütter
mit ewigem Auftrag.
Großer Wurf ins Geahnte....
Ohne Zweifel
und ohne Gericht.

Zeichen.

Flüchtige Strahlen
in unserem Blut.

Nichts
als hin und wieder
die Spur
einer Leuchtrakete.

Marathon

Zuerst läßt Du Blätter
durch die Finger gleiten,
siehst langsam die Blüten kommen
und gehen.
Dein sind sie,
wenn ihr Duft
in Dich eingeht.
Es ist Dir alles selbstverständlich.
Es gibt ein Heute,
es werden viele Morgen kommen.
Traumlos und einfach
schreitest Du.
Einer mißt Deinen Weg
(sei sicher)
— Deinen Marathonlauf,
an dessen Ziel Dir
als Preis
Dein Tod überreicht wird.
Verpackt in Lorbeer
oder Belanglosigkeit
— einerlei.

Das ist es:
Die Läufer werden ausgetauscht.
Dein Sohn
oder irgendein anderer
folgt immer nach.
Verlaß Dich darauf.
Du spielst nicht allein.
Deine Tragödie ist allgemein
und schmeckt
nicht nach Leistung.

Der Lauf eines Lebens
hat meist wenig Publikum.
Jeder hat seine Aschenbahn.
Jeder hastet,
als wüßte er sich
der Unendlichkeit sicher.
Oh, Ihr Sicheren
mit Eurer Eile! —
Laßt mich den Abdruck
Eurer Schuhe prüfen
im Sand,
damit ich ihn ausgießen kann,
daß doch ein kleiner Rest
von Euch bleibt,
wenn am Ziel
keine Zeit mehr ist
zur Besinnung.

Dann werdet ihr wiederkehren,
feierlich,
verdichtet,
und werdet
mit unsichtbarem Atem
Grundsteine legen.

Perspektive

Wie oft hofften nicht
Generationen?

Kein Jahrhundert
ohne Ruf nach Neuerung.
Ein neuer Mensch,
ein Held, ein Gott
— ein Übermensch!

Die Lebenserwartung
ist gestiegen.
Im Charakter
hat sich nichts geändert.
Die gleichen Fehler,
gleichen Wünsche, gleichen Ängste.

Auch der Quartärmensch:
nur Skelett und Überlieferung.
Auch sein Herz
ist nicht bestimmt,
Schwerkraft zu überwinden;
sein Arm winkt
zaghaft in das Dunkel.
Sein Auge sieht Versunkenes.
Sein Ebenbild
ist nicht mehr Gott.
Die Masse ist sein Führer
— nicht Persönlichkeit....
Aus welchen Nervenzellen
baut sich ein Verbindungsstrang?
Und welche Triebe wachen noch in uns?
Was lauert im Quintär?

Narrenzüge

I

Aggressionen,
die unbewußt entstehen.
Haß, der sich aufschaukelt.
Auflehnung gegen das Schicksal.
Ablehnung des Geschlechtes.
Widriges, meterdick.
Lüge, die hilflos macht,
Verleumdung, die ätzt,
Bosheit, die man erwidert.
Egoismus, der Wunden schlägt.

Leben, das unter Schmerzen begann,
Leben, mit Mißerfolgen fortgesetzt.
Leben, oft mehr gefürchtet
als der Tod.
Von vielen als sinnlos betrachtet.
Von den meisten feige verbraucht,
von wenigen
frühzeitig beendet,
aus einem Mangel
an Persönlichkeit;
aus Lebensangst.

Manche fürchten die Tage,
manche die Nächte:
Sie sind zu weich.

Hart sind die Ritter
des Erfolges,
zornig die,
die die Macht besitzen.

Die Armen im Geiste
sind nicht selig.
Die Friedfertigen werden gefoltert;
die Verfolgung leiden,
werden schließlich hingerichtet.
Die hungern und dürsten
um der Gerechtigkeit willen,
werden Psychiatern vorgeführt.

Der ewig lächelnde Optimist
wird betrogen und ausgenützt.
Klagend schaufelt der Pessimist
vor seinem Ende
sein Grab.

Welches Konzept,
das nicht anfechtbar ist?

Niemals der Plan
des tollen Idealisten.
Nie auch das Zögern des Skeptikers.
Möglicherweise halbdurchdachte Skizzen
des Praxis-Realisten,
ergänzt durch eine Säurezeichnung
des kaum beliebten Zynikers.

Ob es sich lohnt,
das bißchen Wurmsein meistern?
Der beste Meister
ist das Schicksal:
Die Eltern sterben
oder werden krank:
schon sackt man ab.
Im Wagen erster Klasse
ist kein Platz mehr frei.

Man wird im falschen Land geboren:
endet, noch ein Knabe,
an der Front.

Ein einziger Tornado —
die Ernte ist vernichtet.
Die Erde bebt —
der Blitz schlägt ein,
in Kohlengruben sickert Gas,
....
Armut und Hunger,
Elend und Depression.

II

Es bleibt als Resümee: ,,Beschissen".
Ein gutes Wort
zur rechten Zeit.

Es bleibt das Huren,
Saufen, Prassen, Fressen,
das Mörderspiel,
die Häfenelegie.

Was Syphillis!
Was Katzenjammer!
Nichts heilt.

Ob du als Geisel
oder Anarchist stirbst,
ist egal.

Nur keine Skrupel!
Frechheit ist gefragt.

Kein Mitgefühl!
Nur immer primitiv!
Eindeutig,
zweideutig,
je nach Laune und Geschmack!
Das heißt, das Leben kosten!
Es gibt nicht eine Wahrheit,
die wir suchen.
Mumpitz und Mummenschanz!
Wahrheitsemanzipiert
erfreut uns erst
das rechte Narrenspiel!

        An hoher Stange
        baumelt ein Hanswurst,
        fast wie gehenkt —
        allzeit bereit.

Parabeln

Nur langsam begreife ich
das Um-mich-her:
hundertmal überdacht,
vielfach widerrufen.

Ich kann nicht glänzen.
Ein kleines Stück Kohle bin ich,
sonst nichts.

Es schlafen nur in mir
die Wunderdinge der Urzeit,
fast nicht mehr wahr,
fast ohne Grund.

Wer kann sie erwecken?

Vielleicht liegt schon
geformt
die weiteste Zeit in mir,
die zu erfüllen,
Bestimmung ist.

Dann würde ich
auf dem Schnittpunkt
zwischen allen Zeiten liegen,
unwissender Auswurf,
Geburt am unerkannten Gipfelpunkt.

Nachts springen mich an
Schildechse und Leguan.

Tagsüber treiben die Menschen
mit mir ihr mattes Spiel.

Liebe hält fest,
aber läßt nicht erkennen
(seltsamer Wahn,
der die Zeugung umweht).

Fortschritt ist nur ein Wort.
Jeder Fortschritt trägt auch
einen Rückschritt mit sich.

In sich bleiben,
was auch immer geschieht,
ist infantil.

Aus sich herausgehen,
bedeutet Konfrontation:
Sieg oder Untergang,
müder Kompromiß.
Die Klugen schließen
ihre Vergleiche.
Ihr Prozeß endet versöhnlich.

Die Widderköpfe rammen sich
selbst
ihre Hörner ins Herz
und verbluten allein.

Schwankend am Scheitelpunkt
male ich meine Parabeln.

Welches Netz hält mich,
wenn die Parabeln zerbrechen?

Grenzkamm

Gebündelt jagen
die Blätter des Frühlings
den Maiberg hoch,
Besitz zu ergreifen
von bloßer Erde
und nacktem Gestein.

Salbei atmet
der Wiesen Mund.

Hoch oben,
am Grenzkamm,
fristet muldiger Schnee
sein gefährdetes Leben
wie eine umstrittene Festung.

Taumelnd, benommen,
wurzelt, was ich vergessen will,
abgrundtief. Weit.

Vorbei klingt das Schlagen
der Nachtigall.
Entlang zieht das Plänkeln
entfernter Gedanken.
Getrennt liegen nachts
die Kammern der Welt,
im Fluge der entfalteten Zeit.

Die Sterne sind niemals kalt,
die Sonnen nicht stumm.

Schwarzflammig

Wie der Mohn
gefältelt
in seiner Kapsel liegt,
schläft zarteres Sein
in rauher Hülle
aus Stumpfheit.

Träumerisch schläft es,
rot,
warm,
voll Sucht und Begierde,
die harten Rinden zu brechen,
sich fröhlich, leicht
auf schwankendem Stengel
zu wiegen,
wie eine Schimmersonne aufzugehen.
Feuriger Schmetterling der Sinne.
Fühlerkranz.
Die Staubgefäße beben.
Schwarzflammig
zuckt das Herz.

Morgen ist weit.
Die Gräser nicken.
Die Lilie treibt ihr Schwert
in diese Nacht.
Mondsäume jagen
mit den flatterhaften Träumen.

Echoruf

Grün umschlossen
fallen Tropfen, —
dampfendes Gold,
das erlischt
in der Esse des Abends.

In ehernen Krügen
sammelt sich Nacht.
Steigt behutsam,
flutende Fülle,
dem Regen entgegen.

Salbeisacht, duftend,
auf Nebelsohlen,
tauscht sich der Tag.
Faltet sorgsam sein Zelt,
bläst den Turmuhren
ins Gesicht,
daß sie zu atmen vergessen:
Eine Sekunde
entfällt in der Ewigkeit.

Träge schleicht sich
die Heide an.

Lichtfern dämmert,
abseits
vom rasenden
Schlag der Welt,
steinern,
Echo, nicht Antwort,
dem klagenden Ruf.

Vor einer Pfingstrose

Jasminwelten
baut uns der Sommer,
der gnädig
mit Frühglanz
und süchtigem Wehen
die Nachtgrenzen schließt.

Kein Wurzelgedanke
treibt aus.
Kein flüchtiges Netz
jagt nach dem Schmetterling Ewigkeit.
Das Todestor
bleibt versiegelt.

Die unbedenkliche Hülle
birst nicht.
Das Ufer besteht—
gehn auch die Flüsse
rauschend ans Werk.

Weißer als Schnee,
südlicher
als der glosende Mittag,
glänzender, sehen wir
uns in die Augen.

Leuchtender Dinge
rasches Erwachen.
Schilfworte pflückt uns
der raunende Wind.
Götter umschließt
unsre heiße Umarmung —
Ursternnebel und Sternenstaub.

Reiner Trieb
aus keimendem Licht ...
Bluttränen weint
die pfingstliche Rose.

Wie Schuppen fiel es in die Nacht

Die Sommernächte waren lang.
Die greisen Sterne bettelten
am Himmel.
Der Mond verschenkte Licht
in Überfülle.
Wie Schuppen
fiel es in die Nacht.

Wie schlanke Tiere
glitten Wiesen,
bis sie im Sprung
den Wald erreichten
und die Berge.

Traumselig,
schlafwarm,
blitzbeladen,
grub sich die müde Welt
in Schluchten ein.

Leise Ahnung des Todes.
Banges Öffnen der Schriften,
die Anfang sind
und Ende künden.

Gefangen wälzte sich
in Ketten der Feuerdrache.

Die alte Schlange
kroch am Grund des Meeres,
das Auge,
das alles sieht,
geschlossen.

Das Ungeheure wartet.
Die Zeit ist stumm. —
Sie ist nicht ohne Zeichen.

Brachland

Wie Spinnen weiten
die weißen Astern
verzweigt im Nebel
ihr Netz.

Milchhell-lichten,
bangen Gesichten,
breitet der Herbst
seinen Weg.

Klobig wirft sich,
ausgebeutet,
die Erde zu lockeren Furchen.
Blutlose Blätter
gaukeln flüsternd
und kosten
das letzte Licht
wie Wein.

Laubhüttenfest

Kühle trieft aus Blättern.
Herbstlich geworden,
zeigen sie
das zarte Gewirr
ihrer Adern,
in deren Netz
der vergangene Frühling
gefangen liegt.

Mit purpurner Tinte
geben sie sich
ein Gesicht:
Wirre Schrift
der fliehenden Zeit.

Die Ebene füllt sich
mit Bergen aus Laub,
von denen es
keinen Fernblick gibt.
Sie feiert ihr
Laubhüttenfest.

Der Atem tritt
mit dem Winter ans Licht —
bizarre Blüte dieser Zeit,
die noch schneller verweht
als die Knospen aus Eis,
wenn der Wind
beide vermählt.

Bräunlich schmeckt die Nähe,
gesüßt' mit erstem Schnee.
Wir kosten davon
wie hungriges Wild
und überleben so
die unersättlichen Tage.

Ungesäumtes Weiß

Licht entrollen sich die Felder.
Ein paar braune Schindelhäuser
ducken sich in Mulden.

Helle, strenge Hänge
werfen sich getrost
dem ungestümen Wind entgegen,
der die Wetterfahnen
vor sich her trägt.

Weiß ist heute auch der Himmel.
Keine Grenze trennt die Säume
zwischen hier und dort.

Dienstbeflissen tritt
ein milder Nebel
in die Spur,
die irgendwo
die Sonne ziehen müßte.

Und kein Leuchten stört
die gauklerische Einheit.

Baumgerippe, dreißig, vierzig,
hundert Jahre alt,
nähen eine Wand,
die baut sich fort
in jede Himmelsrichtung.

Unter Zackendecken,
die die Bäche breiten,
wie in Iglus gut geschützt,
rinnen eilig kalte Wasser,
werfen Ihre Wechselschatten
wie Gedanken auf das Eis.
Malen Biographisches
von ihren Reisen,
füllen spielend Bücher
mit geheimen Rätseln,
die das Wasser wieder nur versteht.

Inhaltsverzeichnis

Bestimme vorerst	5
Mitten im Tag	6
Ohne Gelübde	7
Unmenschlich ist	9
Sucherschritt	10
Wahrheitsfindung	11
Eine mögliche Litfaßsäule	13
Antiquitäten	15
Aushilfsglück	17
Mozart und die Relativitätstheorie	19
Eine unmögliche Operation	20
Funkbilder	21
Prisma	22
Laterna magica	24
Selbstverständnis	25
Konstruktionen	27
Spiegelkabinett	29
Globetrotter	31
Arabeske	33
Denkmäler	34
Buchstabenstraße	35
Januskopf	37
Weltmechanik	38
Wenn alles zum Besten steht	39
Bereit	41
Versteinerung	42
Achtet der Wolken nicht	44
Erratische Blöcke	47
Resignation	49
Strahlentod	50
Assoziation	52

Kleine Mineralienkunde	54
Kein Wort stand in der Stille	55
Denn	56
Der Sender	57
Stundenflucht	59
Doch aus den Bildern	61
Die letzten Klippen	62
Sperrlinien	63
Sedimente	64
Er kommt erst	65
Im Zeichen der Waage	66
Pendelschlag	68
Schimmelblüten	70
Kulissen	72
Marathon	74
Perspektive	76
Narrenzüge	77
Parabeln	81
Grenzkamm	83
Schwarzflammig	84
Echoruf	85
Vor einer Pfingstrose	86
Wie Schuppen fiel es in die Nacht	88
Brachland	90
Laubhüttenfest	91
Ungesäumtes Weiß	93